VENTE ROGIÉ

IMPRIMERIE MAULDE ET Cie

MAULDE, DOUMENC ET Cie
IMPRIMEURS DE LA COMPAGNIE DES COMMISSAIRES-PRISEURS
Rue de Rivoli, 144

CATALOGUE

DES

MEUBLES D'ART

ANCIENS ET MODERNES

Bronzes, Curiosités, Objets divers

PROVENANT

De la Maison ROGIÉ

Fabricant de Bronzes et d'Ébénisterie d'art à Paris

Et pour partie en vertu d'un Jugement d'autorisation du Tribunal de Commerce de la Seine, en date du 15 Avril 1909, enregistré

DONT LA VENTE AURA LIEU

HOTEL DROUOT — SALLE N° 1

Les Lundi 10, Mardi 11 et Mercredi 12 Mai 1909

A **DEUX** HEURES **PRÉCISES**

Me Frédéric LECOCQ	M. LE MAIRE-DEMOUY
COMMISSAIRE-PRISEUR	EXPERT
41, Rue Richer	Passage du Caire, 04

EXPOSITION PUBLIQUE

Le Dimanche 9 Mai 1909, de 2 heures à 6 heures

PARIS — 1909

CONDITIONS DE LA VENTE

Elle sera faite **expressément au comptant.**

Les Acquéreurs paieront **dix pour cent** en sus des enchères.

Il ne sera admis **aucune réclamation** une fois l'**adjudication prononcée.**

TABLE

Maulde, Doumenc et Cie, imprimeurs de la Cie des Commissaires-Priseurs, rue de Rivoli, 144. 1000 — 54835

DÉSIGNATION

Marchandises vendues en vertu d'une autorisation du Tribunal de Commerce de la Seine en date du 15 Avril 1909, enregistrée.

MEUBLES D'ART

De Style Louis XIV, Louis XV, Louis XVI et Empire.

1 — Grand Bureau de style **Louis XIV**, en bois de violette et satiné, orné de chutes à tête de femme et de bronzes dorés.

2 — Grand Bureau de style **Louis XV**, orné de chutes à tête de femme et de bronzes dorés ; ébénisterie en marqueterie bois de violette et satiné, à damier et larges filets.

3 — Très beau bureau double face, de style **Louis XV**, à casier galbé, en bois de violette et satiné, orné de rampants et de chutes en bronze doré.

4 — Grand Bureau plat de style **Louis XVI**, en bois d'amarante et de sycomore, très richement orné de bronzes dorés.

D'après l'original du Musée du Louvre.

5 — Petit Bureau double face, de style **Louis XV,** à casier galbé, en bois de violette et satiné, orné de chutes et de bronzes dorés.

6 — Petit Bureau à casier, de style **Louis XV,** en bois de violette et satiné, orné de bronzes dorés.

7 — Bureau de style **Louis XVI**, orné de bronzes dorés, avec pieds en gaine cannée, marqueterie en bois de violette et satiné à damier et filets.

8 — Petit Bureau à casier, de style **Louis XV,** en bois de violette et satiné, orné de bronzes dorés.

9 — Bureau plat de style **Louis XVI**, en bois de rose et marqueterie, mosaïque à filets verts, orné de bronzes dorés.

10 — Bureau de style **Louis XVI,** à pieds cintrés, orné de bronzes dorés, marqueterie de bois en damier avec filets.

11 — Bureau de style **Louis XVI,** à pieds cintrés, orné de bronzes dorés, marqueterie de bois en damier.

12 — Bureau plat à galerie, de style **Louis XVI,** en bois d'acajou avec pieds à gaine carrée, orné de bronzes dorés.

13 — Petit Bureau à abattant, de style **Louis XVI,** en bois d'acajou avec filets de cuivre et bronzes dorés.

14 — Petit Bureau de style **Louis XV,** en bois de violette et satiné, orné de bronzes dorés.

15 — Bureau plat à galerie, de style **Louis XVI,** en bois d'acajou, avec pieds carrés en gaine, orné de bronzes dorés.

16 — Cartonnier de style **Louis XV,** en bois de violette et satiné, avec marqueterie en bois de bout, orné de bronzes dorés.

17 — Petit Bureau de dame, de style **Louis XV,** en bois de violette et satiné, orné de chutes et de bronzes dorés.

18 — Cartonnier de style **Louis XV**, en bois de violette et satiné, avec marqueterie en bois de bout, orné de bronzes dorés.

19 — Petit Bureau de style **Louis XV**, en bois de violette et satiné, orné de bronzes dorés.

20 — Petit Bureau de style **Louis XVI**, en bois d'acajou verni, à pieds carrés en gaine et dessus à moulure saillante, orné de bronzes dorés.

21 — Très belle Commode, ébénisterie de l'époque de **Louis XVI**, signée Foureau, marqueterie en bois de violette et satiné, entièrement restaurée.

Les bronzes dorés sont modernes.

22 — Commode en ébénisterie de l'époque de **Louis XV**, en bois d'amarante et satiné, ornée de grandes appliques et de poignées en bronze doré moderne.

23 — Commode de style **Louis XV,** à trois tiroirs, en bois de violette et satiné, marqueterie en bois de bout, ornée de bronzes dorés.

24 — Petite Commode double face, de style **Louis XV**, en bois de satiné et ornée de bronzes dorés. Porte à rouleaux, tiroirs intérieurs et tablette à écrire.

25 — Commode de style **Louis XV**, à porte et tiroirs intérieurs, en bois de violette et satinée, ornée de bronzes dorés.

26 — Petite Commode de style **Louis XV**, à deux tiroirs, en marqueterie de bois de violette et satiné, ornée de bronzes dorés.

Dessus marbre campan.

27 — Petite Commode à double face, de style **Louis XV**, à rideaux et tiroirs intérieurs, en bois de violette et d'amarante, ornée de bronzes dorés.

28 — Console de style **Louis XV**, à tiroir en bout, mosaïque de bois d'acajou et satiné, ornée de bronzes dorés.

29 — Vitrine de style **Louis XV**, à deux portes et côtés vitrés, sur piètement de table, avec panneau de glace dans l'entrejambe, en bois de violette, ornée de bronzes dorés.

30 — Vitrine à deux portes, de style **Louis XV**, en bois de violette, ornée de chutes et de bronzes dorés.

31 — Vitrine de style **Louis XVI**, tout en cuivre, avec panneau en vernis Martin sur bois, chutes, frises et ornements en bronze doré.

33 — Vitrine de style **Louis XV**, à une porte, avec médaillon en vernis Martin; ébénisterie en bois de violette, ornée de bronzes dorés.

34 — Vitrine de style **Louis XV**, à deux portes, en bois de violette et satiné, ornée de bronzes dorés.

35 — Vitrine de style **Louis XV**, à une porte, avec médaillon en vernis Martin ; ébénisterie en bois de violette et satiné, ornée de bronzes dorés.

36 — Vitrine de style **Louis XVI**, en bois de violette, avec panneau en vernis Martin et bronzes dorés.

37 — Vitrine à une porte, de style **Louis XVI**, en bois d'acajou, avec panneau en vernis Martin, ornée de bronzes dorés.

38 — Vitrine de style **Louis XVI**, en bois de violette, avec panneau en vernis Martin et bronzes dorés.

39 — Très joli Bonheur du Jour, de style **Louis XVI**, en bois d'amarante et d'emboine, avec tablette d'entrejambe en brocatelle, orné de bronzes, d'après Gonthieu, très finement ciselés et dorés.

40 — Bahut de style **Louis XV**, en bois de violette et satiné, orné de chutes à têtes de femmes et de bronzes dorés.

41 — Bonheur du Jour à étagères, de style **Louis XVI**, en bois de sycomore gris, orné de bronzes dorés et d'un médaillon en Wedgwood.

42 — Grand Bahut de style **Louis XV**, en bois de violette et satiné, panneau en marqueterie de bois de bout, orné de bronzes dorés.

Dessus marbre rouge de Flandre.

43 — Bonheur du Jour, de style **Louis XVI,** en bois de sycomore gris, orné de bronzes dorés et d'un médaillon en Wedgwood.

44 — Grand Bahut, de style **Louis XV,** en bois de violette et satiné, avec marqueterie en bois de bout, orné de longues chutes et de bronzes dorés.

45 — Beau Bahut, de style **Louis XV,** à une porte, marqueterie de bois de violette et satiné, orné de bronzes finement ciselés et dorés.

46 — Petit Bonheur du Jour, de style **Louis XVI,** à étagères de côté, en bois d'acajou verni, orné de bronzes dorés.

47 — Petit Meuble à étagères, de style **Louis XVI,** en bois d'amarante et de satiné, orné de bronzes dorés.

48 — Petit Bonheur du Jour, de style **Louis XVI,** en bois de satiné, avec panneau de marqueterie et orné de bronzes dorés.

49 — Beau Bahut de style **Louis XV,** à une porte, en marqueterie de bois de violette et de satiné, orné de bronzes finement ciselés et dorés.

50 — Grand Bahut de style **Louis XV,** en bois de violette et satiné, avec marqueterie en bois de bout, orné de longues chutes et de bronzes dorés.

51 — Bonheur du Jour à étagères, de style **Louis XVI,** en bois de sycomore gris, orné de bronzes dorés et d'un médaillon en Wedgwood.

52 — Table de salon de style **Louis XVI,** en marqueterie de bois, très richement ornée de bronzes dorés. Dessus marbre fleur de pêcher.

Reproduction de la Table des Muses, par Riesener.

Musée du Louvre.

53 — Gaine à quatre faces, de style **Louis XV,** en bois de violette et marqueterie, très richement ornée de bronzes dorés.

54 — Table à thé de style **Louis XV,** plateaux en onyx cachemire, orné de consoles à enfants et de bronzes dorés.

55 — Table de style **Louis XVI,** en bois d'amarante et marqueterie de bois gris, pieds carrés en gaine, ornée de bronzes dorés.

Reproduction de l'original du Musée du Louvre.

56 — Table de Salon de style **Louis XVI,** à pieds carrés en gaine et ceinture à frises; ébénisterie en acajou verni, avec bronzes dorés.

Dessus marbre vert.

57 — Gaine à quatre faces, de style **Louis XV,** en bois de violette et marqueterie, très richement ornée de bronzes dorés.

58 — Table de Salon de style **Louis XVI,** à pieds carrés en gaine et ceinture à frises; ébénisterie en acajou verni, avec bronzes dorés.

Dessus marbre cuchin.

59 — Petite Table rognon, de style **Louis XVI,** en bois d'acajou, avec tablette d'entretoise, ornée de bronzes dorés.

60 — Gaine à quatre faces, de style **Louis XV,** en bois de violette et marqueterie, très richement ornée de bronzes dorés.

61 — Baromètre-Thermomètre, de style **Louis XV,** en bois de violette, orné de bronzes dorés.

62 — Table de salon, de style **Louis XVI**, à pieds carrés en gaine et tentures à frises; ébénisterie en acajou verni avec bronzes dorés.

Dessus marbre vert.

63 — Gaine de style **Louis XV**, en bois de violette et satiné, ornée de chutes et de bronzes dorés.

64 — Grande Table bijoutière, de style **Louis XVI**, à pieds carrés en gaine; bois d'acajou; ornée de bronzes dorés.

65 — Table de style **Louis XVI,** en bois d'amarante et marqueterie de bois gris; pieds carrés en gaine; ornée de bronzes dorés.

Reproduction de l'original du Musée du Louvre.

66 — Baromètre-Thermomètre de style **Louis XV**, en vernis Martin, orné de bronzes dorés.

67 — Petite Table bijoutière de style **Louis XV**, en forme de cœur.

68 — Petite Table bijoutière **Louis XV**, en bois de violette, ornée de bronzes dorés.

69 — Table à thé de style **Louis XV**, bois de violette et satiné, ornée de bronzes dorés.

70 — Gaine de style **Louis XV**, en bois de violette et satiné, ornée de chutes et de bronzes dorés.

71 — Baromètre-Thermomètre de style **Louis XV**, en bois de violette, orné de bronzes dorés.

72 — Table bijoutière de style **Louis XV**, ornée de cadres et de bronzes dorés.

73 — Table de salon de style **Louis XVI**, en bois d'acajou verni, ornée de bronzes dorés.

74 — Table ovale de style **Louis XVI**, à tiroir et tablette d'entrejambe, en marqueterie de fleurs en quinconces, ornée de bronzes dorés.

75 — Table bijoutière de style **Louis XV**, ornée de cadres et de bronzes dorés.

76 — Petite Table chiffonnière à deux tiroirs, de style **Louis XV**, en bois de violette et satiné, ornée de bronzes dorés.

77 — Petite Table ovale de style **Louis XVI**, à tablette d'entretoise, en bois d'acajou ciré, ornée de bronzes dorés.

78 — Petite Table de style **Louis XV**, dessus à galerie et à coins arrondis, en bois d'amarante et de satiné, ornée de bronzes dorés.

79 — Petite Table de salon de style **Louis XV**, en bois de satiné, avec dessus à galerie et ornée de bronzes dorés.

80 — Petite Table de salon de style **Louis XV**, en marqueterie de bois de rose, ornée de bronzes dorés.

81 — Petite Table bijoutière de style **Louis XVI**, en bois d'acajou, ornée de guirlandes et de bas-reliefs en bronze doré.

82 — Petite Table de salon de style **Louis XV**, en bois de satiné, dessus à moulure saillante ; ornée de bronzes dorés.

83 — Table bijoutière ovale de style **Louis XVI**, ornée de bronzes dorés, ébénisterie en bois d'acajou.

84 — Petite Table chiffonnière à deux tiroirs, de style **Louis XVI**, en bois de violette et satiné; ornée de bronzes dorés.

85 — Petite Table de style **Louis XV**, en marqueterie de bois de rose, ornée de bronzes dorés.

86 — Petite Table de style **Louis XV**, à tiroir et à tablette, en bois de satiné ; ornée de bronzes dorés.

87 — Petite Table bijoutière de style **Louis XVI**, en bois d'acajou, ornée de guirlandes et de bas-reliefs dorés.

88 — Petite Table à contours de style **Louis XVI**, en bois d'acajou verni et ornée de bronzes dorés.

89 — Petite Table de style **Louis XV**, à tiroir et à tablette, en bois de satiné, ornée de bronzes dorés.

90 — Table à thé, à pieds cintrés, de style **Louis XVI**, en bois d'acajou verni, ornée de bronzes dorés.

91 — Petite Table carrée de style **Louis XV,** en vernis Martin, ornée de bronzes dorés.

92 — Petite Table carrée de style **Louis XVI** (ceinture à guirlandes, galvano), en bois d'acajou verni, ornée de bronzes dorés.

93 — Petite Table à contours de style **Louis XVI,** en bois d'acajou verni et ornée de bronzes dorés.

94 — Petite Table ovale de style **Louis XVI,** en acajou ciré, ornée de bronzes dorés.

95 — Table à thé, à pieds cintrés, de style **Louis XVI,** en bois d'acajou verni, ornée de bronzes dorés.

96 — Petite Table carrée de style **Louis XV,** ornée de bronzes dorés; dessus marqueterie à fleurs, bois de violette et satiné.

97 — Petite Table de style **Louis XV,** marqueterie et bois de violette, ornée de bronzes dorés.

98 — Petite Table carrée de style **Louis XVI,** ceinture à guirlandes (galvano), ébénisterie en acajou verni, ornée de bronzes dorés.

99 — Petite Table carrée de style **Louis XV,** ornée de bronzes dorés, dessous marqueterie à fleurs en bois de violette et satiné.

100 — Petite Table de style **Louis XV,** marqueterie de bois de violette, ornée de bronzes dorés.

101 — Petite Table à ouvrage, dessus marqueterie, intérieur érable.

102 — Ecran de style **Louis XVI,** en bois sculpté et teinté.

103 — Guéridon de style **Louis XVI,** trépied à griffes, en bronze doré.

Dessus et tablette d'entretoise, en très beau porphyre.

104 — Petit Guéridon de style **Louis XVI,** en bois d'amarante et mosaïque de citronnier, orné de bronzes dorés.

105 — Guéridon de style **Louis XVI,** à pieds cintrés, ornés de bronzes dorés, ébénisterie en bois d'acajou.

Dessus marbre brèche.

106 — Guéridon dans le genre **Oriental,** incrusté de nacre gravée.

Dessus à six pans.

107 — Petit Guéridon de style **Louis XVI,** en bois d'amarante et mosaïque de citronnier, orné de bronzes dorés.

108 — Guéridon de style **Louis XVI,** à pieds cintrés, orné de bronzes dorés, ébénisterie en bois d'acajou.

Dessus marbre brèche.

109 — Guéridon de style **Louis XVI,** à quatre pieds chantournés en bois d'acajou, orné de bronzes dorés.

Dessus en brèche d'Alep.

110 — Guéridon de style **Louis XVI,** à pieds cintrés, bois d'acajou, orné de bronzes dorés.

Dessus en marbre brèche.

111 — Petit Guéridon de style **Louis XVI**, en bois d'amarante et mosaïque de citronnier, orné de bronzes dorés.

112 — Guéridon de style **Louis XVI**, à pieds tournés, cadres et chutes en bronze doré.

113 — Guéridon de style **Louis XVI**, en bois d'acajou à pieds cintrés, orné de bronzes dorés.

Dessus marbre brèche.

114 — Petit Guéridon de style **Louis XVI**, à quatre pieds et tablette d'entretoise, en bois d'amarante et de satiné, orné de bronzes et d'une galerie dorés.

115 — Petit Guéridon de style **Louis XVI**, à trépied à colonnes jumelles en bois d'acajou, orné de bronzes dorés.

Dessus en brèche d'Alep.

116 — Guéridon de style **Louis XVI**, en bronze doré, trépied à tête de bélier, deux tablettes en brocatelle.

117 — Petit Support rond à trépied, têtes de biche, de style **Louis XVI**, en bronze doré, dessus marbre vert de mer.

118 — Petit Support rond à trépied, tête de biche, de style **Louis XVI**, en bronze doré, dessus marbre vert de mer.

119 — Guéridon de style **Louis XVI**, à pieds tournés, cadres et chutes en bronze doré.

120 — Un Guéridon de style **Louis XV**, tout métal.

121 — Deux Trépieds de style **Louis XV.**

122 — Guéridon de style **Louis XVI,** en bronze doré, trépied à tête de bélier, à deux tablettes, en brocatelle.

123 — Guéridon de style **Louis XVI,** à quatre pieds chantournés, en bois d'acajou ; dessins en brèche d'Alep.

123 *bis* — Fauteuil de style **Louis XV,** en bois de palissandre, orné de bronzes dorés et recouvert d'une étoffe de soie verte.

BRONZES D'AMEUBLEMENT

124 — Grand Régulateur de style **Louis XV,** couronnement à enfant, ébénisterie en bois de violette, très richement orné de chutes et d'encadrements en bronzes dorés.

125 — Pendule de style **Louis XV,** à bouquet de fleurs sur contre-socle à coquille, bronze doré.

126 — Pendule de style **Louis XVI,** Lyre à têtes de coqs, bronze doré sur socle marbre blanc.

127 — Petite Pendule de style **Louis XV,** couronnement enfant à la lyre, bronze doré.

128 — Pendule de style **Louis XVI,** avec pilastres à rosace et couronnement à vase.

Bronze doré.

129 — Petite Pendule de style **Louis XVI,** couronnée d'un trophée de feuilles de chêne, bronze doré sur socle en marbre blanc.

130 — Grand Régulateur de style **Louis XV,** en bois de violette, très richement orné de chutes et d'encadrements en bronze doré.

131 — Petite Pendule de style **Louis XVI,** à colonnes et bouquets de fleurs.

Bronze doré.

132 — Petite Pendule de style **Louis XVI,** couronnée d'un trophée de feuilles de chêne, bronze doré sur socle en marbre blanc.

133 — Pendule de style **Empire**. Diane au chien.
Bronze doré.

134 — Pendule cage à glaces, de style **Louis XVI,** bronze doré.

135 — Petite Pendule de style **Louis XV,** couronnement enfant.

Bronze doré.

136 — Pendule de style **Louis XV,** Enfant aux oiseaux, bronze décor or.

137 — Pendule cage à glaces, de style **Louis XVI,** couronnée d'un vase, bronze doré.

138 — Pendule de style **Louis XVI,** le Char de Vénus, d'après un original ancien, bronze doré.

139 — Pendule de style **Louis XVI,** la Lecture ennuyeuse.

Marbre et bronze doré.

140 — Pendule de style **Louis XVI,** à vases et à consoles, bronze doré.

En partie d'époque.

141 — Pendule, **Enfant Bacchus,** sur cage dorée.

En partie ancienne.

142 — Pendule, cage à pilastres, de style **Louis XVI,** écussons Lions.

Bronze doré.

143 — Petite Pendule de voyage de style **Louis XVI,** d'après un original ancien, bronze doré.

144 — Petit Cartel de style **Louis XV**, sur fond soie.

145 — Pendule de style **Louis XVI**, le Char de Vénus, d'après un original ancien.

Bronze doré.

146 — Petite Pendulette de style **Louis XVI,** à consoles en trophée.

Bronze doré.

147 — Petit Cartel de style **Louis XV,** à agrafe sur fond.

148 — Petite Pendulette de style **Louis XVI,** socle haut à consoles.

Bronze doré.

149 — Petite Pendulette de style **Louis XV**, bronze très finement ciselé et doré.

150 — Pendule cage à pilastres, fond **bronze vert.**

151 — Petit Porte-Montre de style **Louis XIV**.

Reproduction d'un modèle ancien.

152 — Pendule, **Hommage à Homère.**

Bronze doré et marbre.

153 — Figurine en ancienne porcelaine de Saxe (restaurée), montée sous un berceau à 3 lumières, en bronze doré de style **Louis XV**.

154 — Deux Candélabres de style **Louis XV**, à 3 lumières, en bronze doré, avec socles, sur lesquels sont placés deux groupes de chevaux en ancien biscuit de porcelaine.

Pièces uniques.

Les chevaux restaurés.

155 — Deux Candélabres de style **Louis XVI**, Enfants portant des bouquets à 3 lumières, sur socles en spath fluor.

Bronze doré.

156 — Deux Candélabres de style **Louis XVI**, vases en marbre vert de mer, à bouquets de 3 lumières.

Bronze doré.

157 — Deux Candélabres de style **Louis XVI**, en bronze doré, à 5 lumières et à Enfants sur socles en marbre griotte amandée.

158 — Deux Candélabres de style **Louis XVI**, vases en marbre blanc à têtes de béliers surmontés de bouquets de roses à 3 lumières.

159 — Deux petits Candélabres de style **Louis XVI**, Enfants portant un bouquet de roses à 3 lumières, bronze doré, sur socles en spath fluor, ornés de guirlandes.

160 — Deux Candélabres à 5 lumières, de style **Louis XVI**, vases et socles en griotte amandée.

161 — Deux Candélabres à 4 lumières, pieds à trois sphinx.

D'après les originaux offerts par le roi Louis XIV à l'Académie de Peinture.

162 — Deux Candélabres de style **Louis XVI**, Enfants portant des bouquets à 3 lumières, sur socles en marbre et bronzes dorés.

163 — Deux Candélabres de style **Louis XVI**, à trépieds et bouquets à 3 lumières.

Bronze doré.

164 — Deux Bouts de Table de style **Louis XVI**, à 3 lumières et à figures d'Enfants.

Bronze doré.

165 — Deux Candélabres de style **Louis XVI**, à 4 lumières, pieds carrés.

Bronze doré.

166 — Deux Candélabres de style **Louis XVI**, à 4 lumières, vases émaillés bleu sur socle en griotte.

167 — Deux Girandoles de style **Louis XV**, bouquet à 3 lumières.

Bronze doré.

D'après un modèle ancien.

168 — Deux Candélabres de style **Louis XVI**, vases à bouquets de 3 lumières, sur socle en marbre.

169 — Deux Bouts de Table de style **Louis XV**, à 2 lumières.

Bronze doré.

170 — Deux Bouts de Table de style **Louis XVI**, à 2 lumières, pieds et fûts carrés.

Bronze doré.

171 — Deux Bouts de Table **Louis XV**, à 2 lumières.

Bronze argenté.

172 — Deux Bouts de Table, de style **Louis XV**, à 2 lumières.

Bronze doré.

173 — Deux Bouts de Table de style **Louis XV**, en bronze argenté.

D'après un modèle ancien.

174 — Deux Bouts de Table de style **Louis XV**, en bronze argenté.

175 — Deux Candélabres de style **Louis XVI**, à 4 lumières, pieds ronds à canaux.

Bronze verni or.

177 — Deux petits Candélabres de style **Louis XVI**, à vases et à 4 lumières.

Bronze verni or.

178 — Deux Candélabres à 4 lumières sur **colonnes** en trois parties.

179 — Deux Bouts de Table de style **Louis XVI**, à 2 lumières.

Bronze doré.

180 — Deux Candélabres de style **Louis XV**, à Enfants porteurs de bouquets de lumières.

Sur socle marbre.

Vernis or.

181 — Deux Candélabres de style **Louis XV**, à enfants, portant des bouquets de lumières sur socle marbre, vernis or.

182 — Flambeau de Bouillotte de style **Louis XVI**, à Corbeille.

Bronze doré.

183 — Deux Flambeaux à Cassolette, sur trépieds à **têtes de Femmes**, marbre blanc et bronze doré.

L'un des deux vases est de l'époque de Louis XVI.

184 — Deux Flambeaux de style **Louis XV,** pieds à baguettes.

Bronze doré.

185 — Deux Flambeaux de style **Louis XV.**

Bronze doré.

D'après un modèle de Germain.

186 — Deux Flambeaux de style **Louis XVI**, à cassolette, sur trépieds à volutes, marbre blanc et bronze doré.

187 — Flambeau de Bouillotte, de style **Louis XVI,** à Corbeille.

Bronze doré.

188 — Deux Flambeaux de style **Louis XVI,** Enfants en contrepartie sur socle en marbre griotte.

Bronze doré.

189 — Deux Flambeaux de style **Louis XVI**. Enfants en contrepartie sur socle en marbre blanc, bronze doré.

190 — Deux Flambeaux de style **Empire**, gaine à 3 têtes de Femmes.

Bronze doré.

191 — Flambeau de Bouillotte de style **Louis XVI.**

Bronze doré.

192 — Deux Flambeaux de style **Louis XVI**, pieds à 3 divisions.

Bronze doré.

193 — Deux grands Flambeaux de style **Empire**, Enfants sur socles carrés en marbre, ornés de bronzes dorés. Les Enfants sont anciens.

194 — Deux Flambeaux de style **Louis XIV**. Les Saisons, bronze doré.

195 — Deux Flambeaux de style **Louis XV,** en bronze doré.

196 — Deux Flambeaux bas, de style **Louis XV,** en bronze argenté.

197 — Deux Flambeaux bas, de style **Louis XV,** en bronze argenté.

198 — Deux Flambeaux de style **Louis XV,** pieds à fleurettes.

Bronze doré.

199 — Deux Flambeaux de style **Empire**. Enfants sur socles en marbre jaune de Sienne, ornés de bronzes dorés.

Les Enfants sont d'époque.

200 — Deux petits Flambeaux bas, de style **Louis XV**.

Bronze doré.

201 — Deux Flambeaux à **fût de colonne** en marbre blanc sur socles marbre noir, ornés de bronzes dorés.

202 — Deux Flambeaux Flamands **à plateau.**

Bronze poli.

203 — Un Flambeau à **fût de colonne**, argenté, d'après un original de l'époque Louis XVI.

204 — Deux Vases, style **Louis XVI,** en labrador, anses à mascarons et monture en bronze doré.

205 — Deux Mortiers anciens en Porphyre, monture de style **Louis XIV,** à couvercles et têtes de faune, en bronze doré.

206 — Deux Vases de style **Louis XVI**, en vert Canrobert, monture bronze doré à têtes de béliers et guirlandes de fleurs.

207 — Grand Vase en porcelaine à fond bleu foncé, monture de style **Louis XV,** anses enfants tritons, socle à rocaille.

Bronze doré.

208 — Deux Vases de style **Louis XVI**, en imitation de porphyre, monture bronze doré à têtes de satyre.

209 — Deux Vases de style **Louis XVI,** en Canrobert, ornés de têtes de béliers et de guirlandes en bronze doré.

210 — Deux Vases genre Wedgvood, à fond vert d'eau, monture de style **Louis XV,** à bouquets de lys à 5 lumières.

211 — Deux Vases de style **Louis XVI**, en spath fluor, monture à têtes de bélier et guirlandes de fleurs, bronze doré.

212 — Deux Vases de style **Louis XVI**, en marbre Cuchain, monture à têtes de bélier et guirlandes en bronze doré.

213 — Deux Vases de style **Louis XVI**, en sarancolin, monture en bronze doré à têtes de béliers et guirlandes de fleurs.

214 — Deux petits Vases de style **Louis XVI**, en serpentin, monture à tête de faune et guirlandes de vigne, bronze doré.

215 — Deux Vases de style **Louis XVI**, en marbre blanc, monture à têtes de bélier, bronze doré.

216 — Deux Vases de style **Louis XVI**, en marbre vert de mer à têtes de béliers, couvercles et pieds en bronze doré.

217 — Deux Vases de style **Louis XVI**, en Cypolin, monture à têtes de faune et guirlandes de vigne, bronze doré.

218 — Deux Cassolettes de style **Louis XVI**, en vert Canrobert, monture à têtes de bélier, bronze doré.

219 — Deux Vases en porcelaine ancienne de Saxe, monture en bronze doré de style **Louis XVI**, à têtes de bélier.

220 — Deux petits Vases de style **Louis XVI**, en Canrobert, trépieds à têtes de faune bronze doré.

221 — Deux Vases de style **Louis XVI**, en brèche violette, monture à tête de faune, bronze doré.

222 — Deux petits Vases de style **Louis XVI**, en marbre vert de mer, ornés de têtes de silène et de guirlandes de vigne en bronze doré.

223 — Deux petits Vases de style **Louis XVI**, en marbre rose, monture bronze doré à têtes de bélier et draperies.

224 — Deux Cassolettes de style **Louis XVI**, en marbre rose sur trépied à têtes de béliers, bronze doré.

225 — Deux Vases cristal bleu à facettes, monture de style **Louis XVI**, à trépieds têtes de bélier, bronze doré.

226 — Deux Vases en marbre blanc, monture de style **Louis XVI**, trépieds à têtes de bélier, collets et couvercles bronze doré.

227 — Un Vase en ancienne porcelaine de Chine, **famille verte**, monture en bronze doré au mercure.

228 — Vase en ancienne porcelaine de Chine. Pivoines et feuillages sur fond noir, monture de style **Louis XV** en bronze doré.

229 — Deux Vases de style **Louis XVI**, en bronze doré avec corps de porcelaine de décors différents.

230 — Coupe en agathe, montée en **argent doré**.

231 — Coupe onyx (Matière d'une), montée en **argent doré**.

232 — Boîte à thé en porcelaine bleu et blanc de Chine, monture **bronze doré**.

233 — Petit Vase en ancienne porcelaine de Chine, bleu et blanc, monture de style **Louis XVI**.

234 — Deux Vases de cristal bleu taillé à facettes, monture du style **Louis XVI,** à double guirlande de laurier, bronze doré.

235 — Un Vase en ancienne porcelaine, bleu fouetté de Chine (réparé), monture de style **Louis XV,** en bronze doré.

236 — Deux Vases en cristal bleu taillé à facettes, monture de style **Louis XVI,** à double guirlande de laurier, bronze doré.

237 — Deux petites Cassolettes de style **Louis XVI,** sur fûts de colonnes, bronze doré.

238 — Vase cristal bleu uni, monture de style **Louis XVI,** à têtes de béliers, bronze doré.

239 — Deux petits Vases en porcelaine ancienne, à fond rouge, monture de style **Louis XVI,** en bronze doré.

240 — Vase en cristal bleu uni, monture de style **Louis XVI,** en bronze doré.

241 — Deux petits Vases de style **Louis XVI** en porcelaine, à fond vert tendre, monture en bronze doré.

242 — Petit Sucrier en porcelaine de Saxe, monture en bronze doré, de style **Louis XV.**

243 — Jatte à deux anses en porcelaine de Chantilly, montée en **bronze doré.**

244 — Petit Vase en faïence ancienne, avec monture en bronze doré, de style **Louis XVI.**

245 — Soucoupe porcelaine ancienne, montée sur trois dauphins, **bronze doré.**

246 — Assiette en porcelaine anglaise, montée sur un pied à **Chimère,** bronze patiné.

247 — Buste bronze, **Jeune Femme en costume moderne.**

Par Laroque.

248 — Deux Bustes, **Picador et Espagnole,** sur socle marbre blanc.

Modèles originaux.

249 — Une Statuette, **Jeune Fille à la branche d'olivier,** bronze doré sur socle onyx du Mexique.

250 — Statuette, **Hercule,** bronze sur socle marbre.

251 — **Enfant portant un Vase,** sur socle en marbre blanc et bronze doré.

252 — Une Statuette, **Psyché,** fonte de fer.

253 — Statuette, **Danseuse,** bronze de nickel.

254 — **Enfant sur nuage,** bronze patiné, sur socle marbre blanc.

255 — **Taureau** en bronze.

256 — Petite Statuette, **Mercure,** sur socle marbre.

257 — Presse-Papier, **Chien,** sur marbre blanc.

258 — Petite Statuette bronze, **Pêcheur.**

259 — Statuette, **Vénus Callypige** sur socle marbre.

260 — Petit Coq en bronze de style **Louis XIV,** sur socle en marbre.

261 — Petit Buste en bronze de **Jean-Jacques Rousseau.**

262 — Statuette **Vénus Callipyge**, sur socle marbre.

263 — Cendrier bronze doré, de style **Louis XV**.

264 — Petit Support de vase, en forme de trépied, à **chimères.**

D'après un modèle du Directoire.

Bronze doré.

265 — Statuette **Hercule**, sur socle marbre.

266 — Deux Appliques de style **Louis XVI**, à 3 lumières, branches à tête d'aigle.

Bronze doré.

D'après les originaux de Gouthière.

267 — Deux Appliques de style **Louis XVI**, à 2 lumières.

Bronze doré.

Reproduction des originaux du Ministère de la Marine.

268 — Deux Appliques de style **Louis XV**, à 2 lumières électriques.

269 — Deux Appliques de style **Louis XVI**. à 2 lumières. Enfants aux pipeaux.

Décor or.

270 — Deux Appliques de style **Louis XV**, à 2 lumières.

Bronze doré.

271 — Deux Bras de style **Louis XIV**.

272 — Miroir de style **Louis XV**, à 4 lumières.

Bronze argenté.

273 — Grand Miroir à chevalet, de style **Louis XV**, en bronze argenté.

274 — Un petit Miroir de style **Louis XV**, à chevalet.

Bronze argenté.

275 — Glace à main de style **Louis XV**.

Bronze doré.

276 — Glace à main de style **Louis XV**.

Bronze doré.

277 — Un Miroir de style **Louis XV**, à chevalet.

278 — Un Miroir de style **Louis XV**, à fleurs et chevalet.

279 — Un Miroir de style **Louis XV**, à chevalet et baguettes.

280 — Miroir de style **Louis XIV**.

281 — Un Miroir Psyché de style **Louis XV**, argenté.

282 — Deux Chenets de style **Louis XVI**, à lions et pommes de pin.

283 — Deux Chenets de style **Louis XVI**, à lions, avec Femme.

284 — Deux Chenets de style **Louis XV**, à Enfants.

Bronze verni or.

285 — Deux Chenets de style **Louis XIV,** à sphinx.

Bronze verni or.

286 — Deux Chenets de style **Louis XV**, feuilles et volutes.

Bronze verni.

287 — Ferrure double d'âtre, à vases de bronze.

288 — Deux Chenets de style **Louis XIV**, à rinceaux.

289 — Deux Chenets de style **Louis XVI**, à balustres.

290 — Deux Chenets de style **Louis XVI**.

291 — Encrier cristal avec monture branche de rose en **argent doré**.

292 — Encrier à un godet de style **Louis XV,** plateau à congélations.

Bronze doré.

293 — Encrier de style **Louis XV** à un godet, vasque à congélations.

Bronze doré.

294 Encrier de style **Louis XV** à un godet, vasque à congélations.

Bronze doré.

295 — Encrier à **deux godets,** cuivre doré et argenté.

296 — Encrier à **deux godets,** cuivre doré et argenté.

297 — Encrier à **deux godets,** cuivre doré et argenté.

298 — Encrier à **deux godets,** cuivre doré et argenté.

299 — Encrier **à pompe,** sur plateau marbre.

300 — Pendule de style **Louis XVI.**

301 — Deux Piédestaux carrés de style **Louis XVI,** en bronze doré avec panneaux en bois d'acajou.

302 — Une Coupe, **Les Muses**.

302 *bis* — Une Coupe, **Tritons,** d'après les originaux de Benvenuto Cellini.

Bronze et galvano doré et argenté.

303 — Grand Socle de style **Louis XVI,** en marbre rouge de Grèce, orné de bronzes dorés.

304 — Semainier. **Cuivre doré** sur fond de velours.

305 — Lustre à 12 lumières garnis de cristaux **taillés**.

306 — Coffret en bronze de style **Louis XVI,** à médaillons.

307 — Oiseau en **faïence ancienne,** monté sur socle.

Bronze doré.

308 — Bénitier en **émaux champlevés.**

309 — Coupe-Papier en nacre, monture en **argent doré.**

310 — Miniature Mme **Adélaïde de Bourbon,** dans un cadre en pâte laquée et dorée.

311 — Un Vase en porcelaine blanche, reproduction d'un modèle de l'époque de **Louis XVI.** (Quelques parties brisées.)

312 — Coupe en **albâtre vert.**

313 — Lustre à 12 lumières, garni de **cristaux taillés.**

MEUBLES EN ÉBÉNISTERIE ANCIENNE

Restaurés et habillés de Bronzes dorés.

(Un certain nombre de ces Meubles sont usagés.)

314 — Grand Bureau plat à double face et pieds ronds en bois d'acajou, ébénisterie de l'époque de **Louis XVI.**

Avec bronzes dorés modernes.

315 — Grand Bureau plat à double face et pieds carrés en gaine en bois d'acajou, ébénisterie de l'époque de **Louis XVI.**

Avec bronzes dorés modernes.

316 — Bureau à cylindre de l'époque **Empire** à pieds carrés en gaine, bois d'acajou verni.

Orné d'appliques à flambeaux et de bronzes dorés modernes.

317 — Bureau à cylindre de l'époque **Empire,** en bois d'acajou verni, pieds carrés à gaine.

Avec palmettes et bronzes dorés modernes.

318 — Bureau plat à caisse et pieds ronds, du commencement du **XIXe Siècle,** en bois d'acajou verni.

Orné de bronzes dorés modernes.

319 — Bureau plat du commencement du **XIXe Siècle,** en bois d'acajou verni, à pieds ronds et tiroirs à caisse.

Orné de bronzes dorés modernes.

320 — Bureau plat de l'époque **Empire,** en bois d'acajou verni et à pieds tournés.

Orné de bronzes dorés modernes.

321 — Grand bureau plat à double cartonnier et pieds carrés, de l'époque **Empire**, en bois d'acajou verni, orné de bronzes dorés modernes.

322 — Bureau à casier et à pieds carrés, en bois d'acajou verni, de l'époque **Empire,** orné de bronzes dorés modernes.

323 — Bureau à casier, de l'époque **Empire,** en bois d'acajou verni, orné de bronzes dorés modernes.

324 — Bureau plat à pieds carrés, en bois d'acajou verni, de l'époque **Empire,** orné d'appliques à flambeaux et de bronzes dorés modernes.

325 — Bureau plat à ceinture droite, en bois d'acajou, ébénisterie de l'époque **Empire,** avec bronzes dorés modernes.

326 — Bureau plat de l'époque **Empire,** à pieds carrés en gaine, en bois d'acajou verni.

Orné de bronzes dorés modernes.

327 — Bureau plat en bois d'acajou, à pieds à gaine carrée, ébénisterie de l'époque **Empire.**

328 — Petit Bureau à deux tiroirs, en bois d'acajou, ébénisterie de l'époque **Empire,** avec bronzes dorés modernes.

329 — Petit Bureau de dame, à ceinture droite et deux tiroirs, pieds carrés en gaine, en bois d'acajou, de l'époque **Empire.** Bas-relief Femme et bronzes dorés modernes.

330 — Petit Bureau plat à ceinture droite à deux tiroirs, en bois d'acajou verni, de l'époque **Empire**, ornés de bronzes dorés modernes.

331 — Petit Bureau carré de l'époque **Empire,** quatre pieds à gaine, en bois d'acajou verni, orné de bronzes dorés modernes.

332 — Petite Table rectangulaire à pieds, en gaine carrée, de l'époque **Empire,** en bois d'acajou verni, orné de bronzes dorés modernes.

333 — Grande Commode de l'époque de **Louis XV,** à cinq tiroirs, en bois de violette et bois de rose, ornée de bronzes dorés modernes.

334 — Commode du commencement de **Louis XVI,** à cinq tiroirs, en marqueterie de bois de rose et d'amarante.

Cuivres modernes.

335 — Commode à colonnes et quatre tiroirs en bois d'acajou verni, ébénisterie de l'époque **Empire**, avec bronzes dorés modernes.

336 — Commode à colonnes à quatre tiroirs, en bois d'acajou de l'époque **Empire.**

Bronzes dorés modernes.

337 — Commode à colonnes et quatre tiroirs en bois d'acajou, de l'époque **Empire**, ornée de bronzes dorés, en partie anciens.

338 — Commode à pilastre tête de femme, à trois tiroirs en bois d'acajou verni, de l'époque **Empire.**

Bronzes dorés modernes.

339 — Table de trictrac en bois d'acajou ciré, de l'époque **Empire**, ornée de bronzes dorés modernes.

340 — Table de trictrac à pieds cannelés, en bois d'acajou verni, de l'époque de **Louis XVI.**

Bronzes dorés modernes.

341 — Table à jeu à coulisse, en bois d'acajou, de l'époque **Louis XVI**, ornée de bronzes dorés modernes.

342 — Table à jeu avec pieds carrés en gaine, bois d'acajou verni, de l'époque **Empire**, ornée de bronzes dorés modernes.

343 — Table à jeu à coulisse, sur pieds carrés, de l'époque **Empire**, en bois d'acajou verni, orné de bronzes dorés modernes.

344 — Table à jeu à coulisse, en bois d'acajou verni, de l'époque **Empire,** ornée de bronzes dorés modernes.

345 — Petite Table de piquet, pieds à X, en bois d'acajou verni, de l'époque **Empire,** ornée de bronzes dorés modernes.

346 — Petite Table de piquet à coins arrondis, en bois d'acajou, de l'époque **Empire,** ornée de bronzes dorés modernes.

347 — Guéridon, trépied à colonnes en bois d'acajou verni, de l'époque **Empire,** dessus bois.

Bronzes dorés modernes.

348 — Grand Guéridon sur trépied à colonnes et chapiteaux en bois d'acajou verni, de l'époque **Empire,** dessus marbre blanc, à gorges.

349 — Guéridon sur trépied à colonnes toscanes, en bois d'acajou, de l'époque **Empire,** orné de bronzes dorés modernes, dessus marbre bleu turquin.

350 — Petit Guéridon, support de lampe, de l'époque **Empire,** trépied à consoles en bois d'acajou verni, orné de bronzes dorés modernes.

351 — Petit Guéridon, support de lampe, de l'époque **Empire,** à pieds cintrés en bois d'acajou verni, orné de bronzes dorés modernes.

352 — Guéridon de l'époque **Empire,** sur trépied à colonnes et chapiteaux en bois d'acajou verni, orné de bronzes dorés.

Dessus marbre vert.

353 — Petit Guéridon support de lampe à trépied plat; ébénisterie de l'époque **Empire.**

Dessus marbre vert.

354 — Petit Guéridon, support de lampe, pieds cintrés à griffes; ébénisterie de l'époque **Empire.**

355 — Petit Guéridon, support de lampe, sur trépied cintré, en bois d'acajou verni, de l'époque **Empire**; orné de bronzes dorés modernes.

356 — Petit Guéridon sur trois colonnes en bois d'acajou verni, de l'époque **Empire**; orné de bronzes dorés modernes.

357 Grande Toilette de style **Empire,** en bois d'acajou, quatre pieds à colonnes avec entretoise. Dessus à étagère en marbre bleu turquin.

L'ébénisterie est en partie ancienne.

358 — Table à coiffer, miroir rond, pieds carrés à gaine en bois d'acajou verni de l'époque **Empire,** ornée de bronzes dorés modernes.

359 — Table à coiffer de l'époque **Empire,** en bois d'acajou verni avec miroir rectangulaire à pans, ornée de bronzes dorés modernes.

360 — Table à coiffer en bois d'acajou verni, de l'époque **Empire** et ornée de bronzes dorés modernes. Les pieds en forme de console, le miroir rond.

361 — Petite psyché de table avec tiroir en bois d'acajou de l'époque **Empire,** ornée de bronzes dorés modernes.

363 — Tricoteuse rectangulaire à tiroir en bois d'acajou verni de l'époque **Empire,** ornée de bronzes dorés modernes.

364 — Tricoteuse plateau à abattant sur socle à colonnes; en bois d'acajou verni de l'époque **Empire**; ornée de bronzes dorés modernes.

365 — Tricoteuse de l'époque **Empire** en bois d'acajou verni, pieds en forme de lyre et tablette en cuvette, ornée de bronzes dorés modernes.

366 — Tricoteuse avec pied en X, en acajou verni de l'époque **Empire,** ornée de bronzes dorés modernes.

367 — Table à ouvrage sur pieds en X en bois d'acajou verni de l'époque **Empire,** ornée de bronzes dorés modernes.

368 — Table à ouvrage de l'époque **Empire** avec tablette à écrire et deux tiroirs, en bois d'acajou verni, ornée de bronzes dorés modernes.

369 — Tricoteuse avec pieds à colonnes en acajou verni, de l'époque **Empire,** ornée de bronzes dorés modernes.

370 — Tricoteuse, pieds plats à lyre en acajou verni, de l'époque **Empire,** ornée de bronzes dorés.

371 — Petite Table à ouvrage, pied à X, en bois d'acajou verni, de l'époque **Empire**; ornée de bronzes dorés modernes.

372 — Petite tricoteuse ovale, socle violon en bois d'acajou, de l'époque **Empire**, ornée de bronzes dorés modernes.

373 — Tricoteuse ronde sur pieds en arc, bois d'acajou verni, de l'époque **Empire**, ornée de bronzes dorés modernes.

374 — Tricoteuse à plateau rectangulaire et tablette d'entretoise à cuvette, bois d'acajou verni, de l'époque **Empire**, ornée de bronzes dorés modernes.

375 — Tricoteuse plateau rectangulaire sur pieds à X, en bois d'acajou verni, de l'époque **Empire**, ornée de bronzes dorés modernes.

376 — Tricoteuse à pieds en forme de lyre pleine, bois d'acajou verni, de l'époque **Empire**, ornée de bronzes dorés modernes.

377 — Table à ouvrage de l'époque **Empire**, en bois d'acajou verni, pieds en X, ornée de bronzes dorés.

378 — Table à ouvrage à trois tiroirs, dessus à huit pans, en bois d'acajou, de l'époque **Empire**, ornée de bronzes dorés modernes.

379 — Tricoteuse ronde de l'époque **Empire**, sur trépied à consoles, en bois d'acajou verni, ornée de bronzes dorés.

380 — Tricoteuse de l'époque **Empire**, en bois d'acajou, pieds en X, plateau à coins arrondis, ornée de bronzes dorés modernes.

381 — Tricoteuse de l'époque **Empire**, en bois d'acajou verni, pieds en X, ornée de bronzes dorés.

BOIS DE SIÈGES NON GARNIS

383 — Méridienne en bois d'acajou verni, de l'époque **Empire**, ornée d'une frise à griffons et de bronzes dorés modernes.

384 — Méridienne en bois d'acajou verni, de l'époque **Empire**, ornée d'une frise à laurier et de bronzes dorés modernes.

385 — Grand Canapé en bois d'acajou verni, de l'époque **Empire**, dossier renversé à volutes; orné de bronzes dorés modernes.

386 — Grand Canapé en bois d'acajou verni, de l'époque **Empire**, consoles à feuilles d'eau, orné de bronzes dorés modernes.

387 — Fauteuil en bois d'acajou sculpté et verni, de l'époque **Empire**, accoudoirs à têtes de dauphins, orné de bronzes dorés modernes.

388 — Fauteuil en bois d'acajou verni de l'époque **Empire**, accoudoirs à feuilles et à écailles, orné de bronzes dorés modernes.

389 — Fauteuil en bois d'acajou sculpté et verni de l'époque **Empire**. accoudoirs à têtes de dauphins, orné de bronzes dorés modernes.

390 — Deux Fauteuils en bois d'acajou verni, de l'époque **Empire**, accoudoirs à volute, orné de bronzes dorés modernes.

391 — Deux Fauteuils en bois d'acajou sculpté et verni, de l'époque **Empire**, dossier et accoudoirs à têtes de dauphins, ornés de bronzes dorés modernes.

392 — Fauteuil de bureau, dossier gondole, accoudoirs à têtes de bélier, bois d'acajou, de l'époque **Empire.**

Bronzes dorés modernes.

393 — Fauteuil en bois d'acajou sculpté et verni, de l'époque **Empire**, fronton sculpté, accoudoirs à dauphins, orné de bronzes dorés modernes.

394 — Fauteuil en bois d'acajou, de l'époque **Empire**, pieds et accoudoirs à volute et à baguettes, orné de bronzes dorés modernes.

395 — Fauteuil en acajou verni, de l'époque **Empire**, accoudoirs à col de cygne, orné de bronzes dorés modernes.

396 — Fauteuil en bois d'acajou verni, de l'époque **Empire**, accoudoirs à têtes de dauphins, orné de bronzes dorés modernes.

397 — Fauteuil en bois d'acajou verni, de l'époque **Empire**, accoudoirs à consoles et têtes de dauphins, orné de bronzes dorés modernes.

398 — Fauteuil en bois d'acajou verni, de l'époque **Empire**, accoudoirs à têtes de dauphins, orné de bronzes dorés modernes.

399 — Fauteuil en bois d'acajou verni, de l'époque **Empire**, dossier à fronton sculpté, accoudoirs ronds, orné de bronzes dorés modernes.

400 — Fauteuil en bois d'acajou verni, de l'époque **Empire**, dossier à baguettes, pieds et accoudoirs ronds, orné de bronzes dorés modernes.

401 — Bergère en bois d'acajou, de l'époque **Empire**, accoudoirs à têtes de dauphins, ornée de bronzes dorés modernes.

402 — Fauteuil en bois d'acajou verni, de l'époque **Empire**, pieds en fourreaux de sabre, accoudoirs droits, orné de bronzes dorés modernes.

403 — Fauteuil en bois d'acajou verni, de l'époque **Empire**, fronton à baguettes, accoudoirs à feuilles, orné de bronzes dorés modernes.

404 — Fauteuil en bois d'acajou verni, de l'époque **Empire**, accoudoirs à consoles et feuilles, orné de bronzes dorés modernes.

405 — Fauteuil en bois d'acajou verni, de l'époque **Empire**, accoudoirs ronds, orné de bronzes modernes.

406 — Deux Fauteuils en bois d'acajou verni, de l'époque **Empire**, accoudoirs à feuilles unies et bracelets, ornés de bronzes dorés modernes.

407 — Fauteuil en acajou verni, de l'époque **Empire**, accoudoirs à baguettes et feuilles d'eau, orné de bronzes dorés modernes.

408 — Fauteuil en bois d'acajou verni, de l'époque **Empire**, accoudoirs à feuilles et palmettes, orné de bronzes dorés modernes.

409 — Bergère en bois d'acajou verni, de l'époque **Empire**, accoudoirs à dauphins, ornée de bronzes dorés modernes.

410 — Fauteuil en bois d'acajou verni, de l'époque **Empire**, accoudoirs baguettes à feuilles, orné de bronzes dorés modernes.

415 — Fauteuil en bois d'acajou verni, de l'époque **Empire**, accoudoirs à têtes de dauphin, orné de bronzes dorés modernes.

416 — Fauteuil en bois d'acajou, de l'époque **Empire**, accoudoirs à têtes de dauphins et feuilles, orné de bronzes dorés modernes.

417 — Fauteuil en acajou verni de l'époque **Empire**, accoudoirs à têtes de dauphins et écailles, orné de bronzes dorés modernes.

418 — Fauteuil en bois d'acajou verni, de l'époque **Empire**, accoudoirs à têtes de dauphins et feuilles.

Orné de bronzes dorés modernes.

419 — Bergère en bois d'acajou verni, de l'époque **Empire**, accoudoirs à têtes de dauphins et écailles, ornée de bronzes dorés modernes.

420 — Fauteuil en bois d'acajou verni, de l'époque **Empire**, pieds en fourreaux de sabre, accoudoirs ronds, orné de bronzes dorés modernes.

421 — Fauteuil en bois d'acajou verni, de l'époque **Empire**, accoudoirs à baguettes et feuilles d'eau, orné de bronzes dorés modernes.

422 — Fauteuil en acajou verni, de l'époque **Empire** accoudoirs ronds à baguettes, orné de bronzes dorés modernes.

423 Fauteuil en acajou verni, de l'époque **Empire**, accoudoirs à têtes de dauphins, orné de bronzes dorés modernes.

Bergère du même modèle.

424 — Fauteuil en bois d'acajou, de l'époque **Empire**, accoudoirs à têtes de dauphin, orné de bronzes dorés modernes.

425 — Fauteuil en bois d'acajou, de l'époque **Empire**, accoudoirs ronds à dauphins formant console, orné de bronzes dorés modernes.

426 — Fauteuil en bois d'acajou, de l'époque **Empire**, accoudoirs ronds à dauphins, orné de bronzes dorés modernes.

427 — Bergère en bois d'acajou verni, accoudoirs à dauphins et feuilles, ornée de bronzes dorés modernes.

428 — Fauteuil en acajou verni, de l'époque **Empire**, accoudoirs ronds à têtes de dauphin, orné de bronzes dorés modernes.

429 — Fauteuil en bois d'acajou verni, de l'époque **Empire**, accoudoirs ronds à feuilles, orné de bronzes dorés modernes.

430 — Fauteuil en acajou verni, de l'époque **Empire**, à dossier renversé, orné de bronzes dorés modernes.

431 — Fauteuil en acajou verni, de l'époque **Empire**, accoudoirs à têtes de femmes, orné de bronzes dorés modernes.

432 — Fauteuil de bureau en bois d'acajou verni, de l'époque **Empire**, accoudoirs à têtes de lion sculptées, orné de bronzes dorés modernes.

433 — Deux Chaises acajou verni, de l'époque **Empire**, dossier cintré à écusson et dauphins, ornées de bronzes dorés modernes.

434 — Chaise en acajou verni, de l'époque **Empire**, dossier écusson, à vase, ornée de bronzes dorés modernes.

435 — Dix Chaises en acajou verni, de l'époque **Empire**, dossiers ronds gondolés, ornées de bronzes dorés modernes. *(Seront divisées.)*

436 — Quatre Chaises en merisier verni, de l'époque **Empire**, dossiers à couronne, ornées de bronzes dorés modernes.

Ces Chaises garnies et recouvertes d'une étoffe de soie.

437 — Trois Chaises en acajou verni, de l'époque **Empire**, dossiers carrés, ornées de bronzes dorés modernes.

438 — Chaise en acajou verni de l'époque **Empire**, dossier carré et pieds ronds, ornée de bronzes dorés modernes.

439 — 4 Chaises en bois d'acajou du XIXe siècle, dossiers à croisillon, garniture coussins, montés sur canne.

440 — Deux Chaises en acajou verni, du XIXe siècle, recouvertes en étoffe de crin.

441 — Quatre chaises en bois d'acajou verni, de l'époque **Empire**, dossiers à lyre.

442 — Chaise en bois d'acajou, de l'époque **Empire**, dossier gondole.

443 — Deux Chaises.
Un Fauteuil.
Un Bidet.

Dossier à la Romaine en bois d'acajou ciré, de l'époque **Empire**, ornés de bronzes dorés modernes.

MEUBLES DIVERS

444 — Lit de côté à la grecque, en bois d'acajou verni, de l'époque **Empire**, orné de bronzes dorés modernes.

445 — Bonheur du jour, en bois d'acajou verni, de l'époque **Empire**, avec panneau à glace, orné de bronzes dorés modernes.

446 — Petite Console de l'époque **Empire**, à colonnes et tiroirs, en acajou verni, ornée de bronzes dorés modernes.

Dessus marbre noir granité.

447 — Console à colonnes et chapiteaux, avec tiroir, en acajou verni de l'époque **Empire**, ornée de bronzes dorés modernes.

Dessus marbre Sainte-Anne.

448 — Console à quatre pieds à griffes, en bois d'acajou de l'époque **Empire,** ornée de bronzes dorés modernes.

Dessus marbre noir granité.

449 — Buffet en bois d'acajou de l'époque **Empire,** porte à glace, orné de bronzes dorés modernes.

450 — Secrétaire de l'époque **Empire,** en bois d'acajou verni, pilastres en gaines à têtes de femmes et palmettes, orné de bronzes dorés modernes.

451 — Secrétaire de l'époque **Empire,** gaines à tête de femme, en bois d'acajou verni et orné de bronzes dorés modernes.

452 — Secrétaire à colonnes, en bois d'acajou de l'époque **Empire,** orné de bronzes dorés.

453 — Grand Bahut à deux portes, en acajou, ébénisterie de l'époque de l'**Empire,** à gaines têtes d'égyptiennes.

Bas-reliefs et bronzes dorés modernes. Dessus marbre.

454 — Très beau Meuble d'appui, à deux portes et gaines à têtes d'égyptiennes ; ébénisterie en acajou de l'époque **Empire,** orné de bronzes dorés modernes.

BRONZES ANCIENS

455 — Pendule de l'époque du **Directoire,** en biscuit de Sèvres, avec figure de femme et d'enfant, sur socle en marbre blanc, orné de bronzes dorés de l'époque et contenant un carillon musical.

456 — Pendule religieuse, en bois d'ébène ; ébénisterie et mouvement de l'époque de **Louis XIV.**

457 — Petite Pendule de l'époque de **Louis XVI,** couronnée par un lion, avec socle en marbre orné de deux figurines en Saxe et de guirlandes de fleurs, bronze doré.

458 — Petite Pendule d'époque **Louis XVI,** cage carrée surmontée d'un vase, sur socle marbre à frise, bronze doré.

459 — Pendule de l'époque **Empire,** Deux Enfants porteurs, bronze doré.

460 — Pendule **Louis XVI,** ancienne, à figure de femme, bronze doré, La Vérité. .

461 — Pendule de cabinet de l'époque **Empire,** à cariatides égyptiennes, le socle forme écritoire.

Bronze doré.

462 — Porte-Montre en bronze de l'époque de **Louis XIV.**

463 — Pendule **Louis XIV,** forme violon, ébénisterie ancienne en bois de violette.

464 — Pendule de l'époque **Empire,** à figure de créole, bronze patiné et or.

465 — Pendule de l'époque de **Louis XVI,** en marbre blanc et brocatelle, ornée de bronzes dorés.

466 — Pendule d'alcôve de l'époque **Louis XV,** en bois verni, mouvement à carillon et à tirage, ornée de bronzes polis.

467 — Pendule époque de l'**Empire,** l'Amour chasseur.

468 — Deux Candélabres à trois lumières époque **Empire**.

469 — Une Pendule **Louis XIV,** marqueterie mouvement ancien.

470 — Petite Pendule de l'époque **Louis XV,** cheval sur socle à rocailles.

471 — Pendule **Louis XIV**, ébénisterie ancienne, mouvement d'époque.

472 — Pendule de l'époque de l'**Empire,** Offrande à l'Amour, bronze doré.

473 — Une paire de Flambeaux de l'époque **Louis XVI**, à fûts et pieds à canaux et perles, bronze doré.

474 — Une paire de Candélabres **Louis XVI,** en bronze doré, Femmes à genoux portant un bouquet de trois lumières, socle en marbre blanc.

Les bouquets ne sont pas d'époque.

475 — Deux Flambeaux de l'époque de **Louis XVI,** à feuilles d'eau, bronze doré.

476 — Un Flambeau à fût de colonne argenté de l'époque **Louis XVI.**

477 — Flambeau liseuse à abat-jour ovale, de style **Louis XVI**, bronze doré.

L'abat-jour est moderne.

478 — Bout de Table à deux lumières, en bois sculpté de l'époque de **Louis XVI.**

479 — Deux Flambeaux de l'époque **Empire**, bronze doré.

480 — Deux Candélabres du commencement du **XIX**e **siècle**, transformés en lampes électriques.

481 — Deux Flambeaux à fûts cannelés de l'époque **Empire**.

482 — Deux Flambeaux de l'époque de **Louis XV**, balustres à côtes, pieds à contours.

483 — Deux Bouts de Table à deux lumières, l'un de l'époque de **Louis XV**, l'autre reproduction du précédent.

484 — Deux grands Chandeliers en bronze gravé de l'époque de **Louis XIV**, surmontés de bouquets à huit lumières, modernes.

485 — Deux Flambeaux de l'époque **Empire**, à chapiteaux palmiers.

486 — Flambeau **Louis XVI**, ancien, sur socle marbre blanc à chaînes.

487 — Flambeau uni de l'époque de **Louis XVI.**

488 — Deux Flambeaux de l'époque **Louis XIV**, en bronze rosette.

489 — Deux Bouts de Table hauts à trois lumières de l'époque **Empire.**

490 — Deux Flambeaux de l'époque **Empire**, à fûts de colonne bronzés.

491 — Deux Flambeaux **d'Église** anciens.

Bronze verni or.

492 — Un Flambeau de l'époque **Empire,** à figure d'Égyptienne.

Sur socle marbre.

493 — Deux Chandeliers d'autel **Louis XIV** anciens.

Bronze verni or.

494 — Deux Flambeaux de l'époque **Empire,** fûts cannelés.

495 — Flambeau **Empire,** enfant.

Sur socle doré et moleté.

496 — Flambeau **Empire** à figure de femme

Sur socle.

497 — Deux Flambeaux de l'époque **Empire,** fût moleté.

498 — Petite Figure de femme en bronze doré, de l'époque de **Louis XVI,** sur socle à canaux.

499 — Une Statuette Socrate, bronze doré, de l'époque **Empire.**

500 — Deux Figures de femme, en bronze doré, fin de l'époque **Empire.**

501 — Coupe à fruits, bronze doré, de l'époque **Empire.**

502 — Petite statuette **Vénus accroupie,** sur socle bois.

Bronze ancien.

503 — Petit Buste bronze ancien, sur socle, **en sarancolin.**

504 — Figure de Femme, les bras ouverts, bronze, de l'époque de **Louis XVI**.

505 — Coupe ronde unie, bronze doré, de l'époque **Empire.**

506 — Statuette de **Jeune Femme au vase**.

Par Clodion.

Très belle fonte de Bronze, du commencement du **XIX**e siècle.

507 — Support de petit Vase en forme de guéridon, trépied à **Chimères.**

Bronze doré de l'époque du Directoire.

508 — Deux Coupes à fruits, à arcades, de l'époque **Empire.**

Bronze doré.

509 — Petit Vase **Louis XVI** ancien, en serpentin, anses bronze doré.

510 — Petit Bronze ancien, **Cheval et Boa.**

511 — Petite Statuette bronze, **Enfant pêcheur.**

Bronze ancien.

512 — Fût de Candélabre, commencement du **XIX**e siècle, transformé en lampe électrique.

513 — Deux Enfants **Bronzes** anciens, sur socles en marbre blanc à perles.

Disposés en lampes électriques.

514 — Lampe Carcel, époque **Empire.**

Transformée à l'électricité.

515 — Lampe à Colonne, de l'époque **Empire.**

Transformée pour l'électricité.

516 — Deux Lampes en bronze doré de l'époque **Empire.**

Disposée à l'électricité.

517 — Figure de Femme (les bras levés) de l'époque **Empire**, sur socle doré.

Disposée en lampe électrique à abat-jour.

518 — Figure de Femme de l'époque **Empire,** sur socle bronze doré.

Disposée en lampe électrique à abat-jour.

519 — Deux Lampes colonnes de l'époque **Empire.**

Mises à l'électricité.

PORCELAINES, BISCUITS ANCIENS

520 — **Apollon**, statuette en ancienne porcelaine blanche de Saxe.

Restaurée.

521 — Deux **Enfants** en biscuit de pâte tendre ancienne.

Un est restauré.

522 — Statuette **Flore**, biscuit de pâte tendre ancienne.

523 — Statuette en biscuit de pâte tendre, **Personnage en costume Louis XV.**

524 — Tête de roi faïence **italienne ancienne.**
Partie brisée.

525 — Une Paire de Petits Vases en ancienne porcelaine de Sèvres, à fond vert tendre avec réserves de fleurs. Monture moderne en bronze doré au mercure, très finement ciselé et de style **Louis XVI.**

526 — Petite Cafetière faïence blanche, du commencement du **XIXe** siècle.

527 — Petite Jardinière en forme de fût de colonne, porcelaine ancienne de Saxe, monture en bronze doré de l'époque **Louis XVI.**

528 — Une Petite Coupe en porcelaine, monture en bronze doré à trois dauphins de l'époque **Louis XVI.**

529 — Petit Sucrier en ancienne porcelaine de **Saxe**.

530 — Statuette en biscuit de Saxe, **Vénus de Milo.**

531 — Seau à biscuits en ancienne porcelaine de **Tournay.**

532 — Deux postillons en porcelaine de **Saxe.**
Restaurés.

533 — Petit rouleau en ancienne porcelaine de **Chine**, à personnages.

534 — Deux Vases en ancienne porcelaine de **Chine XVIIIe** siècle, avec montures en bronze doré.

535 — Coupe en ancienne porcelaine de **Saxe,** restaurée, monture à têtes de béliers, bronze doré.

536 — Soupière en faïence de **Marseille.**

537 — Petit Pichet en faïence de Rouen.

Restauré.

538 — Deux Vases **Médicis,** en porcelaine blanche du commencement du **XIX**e siècle.

Deux anses restaurées.

539 — Un Encrier à **deux godets,** faïence ancienne restaurée.

540 — Deux petits Vases en bleu et blanc de **Chine.**

Importation de la Compagnie des Indes.

541 — Bronze ancien du **Japon,** incrusté d'argent.

Personnage assis sur un poisson.

542 — Bronze ancien du **Japon,** incrusté d'argent.

ÉBÉNISTERIE ET MEUBLES ANCIENS

543 — Tabernacle en bois doré de l'époque de **Louis XIII,** architecture d'ordre Toscan, surmontée d'une attique.

La Porte et les Panneaux ornés de peintures d'époque.

544 — Tabernacle en bois sculpté, de l'époque de **Louis XIV** (1704).

545 — Coffret de l'époque de **Louis XIV**, en ébénisterie avec appliques en argent repoussé et ciselé.

546 — Secrétaire en bois d'acajou de l'époque **Louis XVI**.

547 — Meuble ancien, Nécessaire à **pastels.**

548 — Commode de l'époque **Louis XIV**, en marqueterie de bois d'amarante et d'olivier.

Cuivres anciens.

549 — Écran en bois d'acajou, de l'époque **Louis XVI,** cadre sans tapisserie.

550 — Commode **Louis XVI,** en bois d'acajou, à colonnes engagées et cannelées, quinze tiroirs.

551 — Commode de l'époque de **Louis XVI,** à pieds ronds et cinq tiroirs, ébénisterie en bois de rose et d'amarante.

552 — Commode de l'époque de **Louis XIV,** en bois de satiné foncé, ornée de bronzes dorés.

Ces derniers modernes.

553 — Cul-de-lampe de l'époque de **Louis XVI,** pour pendule marqueterie.

554 — Petit Cabinet à coffret, en bois d'ébène, de l'époque de **Louis XVI,** l'intérieur orné de peintures sur verre de l'époque.

555 — Une Table à jeu en bois d'acajou, ébénisterie ancienne.

556 — Petit Guéridon sur trépied, à vase de l'époque **Directoire.** Bois d'acajou, dessus mosaïque.

557 — Table à poudrer, de l'époque de **Louis XVI,** en bois d'acajou.

558 — Table à poudrer de l'époque de **Louis XVI**, en bois de rose.

Bronzes dorés modernes.

559 — Petite Table à ouvrage, à deux tiroirs, de l'époque de **Louis XVI,** en bois d'acajou.

560 — Petite Table Chiffonnière, de l'époque de **Louis XVI**, en bois d'acajou.

Deux tiroirs et tablette à écrire.

Dessus marbre.

561 — Petite Psyché de table avec consoles à volutes, en bois d'acajou verni, de l'époque **Empire**.

562 — Petit Bureau de dame, à pieds carrés en gaine, orné de torsades en cuivre, en bois d'acajou verni, de l'époque **Directoire.**

563 — Bibliothèque en bois d'acajou ciré, de l'époque **Louis XVI,** dessus marbre vert.

Ornée de bronzes dorés en partie modernes.

564 — Petite Commode de l'époque de **Louis XVI**, en bois de violette et d'amarante, dessus marbre Sainte-Anne.

565 — Table de Bouillotte de l'époque **Louis XVI,** en bois d'acajou verni, avec ceinture à moulure cuivre uni.

566 — Petite Psyché portative, à tiroir bois d'acajou, de l'époque **Empire**.

567 — Petit bureau de dame, ceinture à deux tiroirs, en bois d'acajou verni, de l'époque **Empire**.

568 — Table de Trictrac, de l'époque **Louis XVI,** à pieds cannelés, en bois d'acajou.

569 — Petite Table carrée à tiroir, de l'époque de **Louis XVI,** en bois d'acajou.

570 — Table de Bouillote à cinq pieds carrés en gaine, bois d'acajou verni à filet jaune de l'époque **Empire**.

571 — Encrier de l'époque **Empire,** en bois d'Emboine.

Orné de bronzes modernes.

572 — Six Chaises en bois d'acajou, à fronton sculpté de l'époque **Empire,** recouvertes de velours rouge.

573 — Deux petites Chaises de bureau, en bois d'acajou, de l'époque **Empire**, dossiers ronds gondoles.

574 — Grande Bergère en bois d'acajou verni, de l'époque **Empire,** accoudoirs à volutes.

575 — Six Panneaux de vitraux **anciens**, enluminures découpées.

576 — Fauteuil genre Seymourd, garni en cuir. (Usagé).

577 — Fauteuil **Voltaire,** en bois de palissandre, recouvert d'une étoffe de soie verte. (Très usagé).

www.ingramcontent.com/pod-product-compliance
Ingram Content Group UK Ltd.
Pitfield, Milton Keynes, MK11 3LW, UK
UKHW022127170726
13837UKWH00003B/1413